# rilete
# para el Día de los Muertos

Elisa Amado
Fotografías de **Joya Hairs**
Traducción de **Claudia M. Lee**

# Barrilete
# A Kite for the Day of the Dead

Elisa Amado
Photographs by **Joya Hairs**

Groundwood Books / Libros Tigrillo
House of Anansi Press
Toronto   Berkeley

JUAN mira el cielo. Los vientos del sur arrastran algunas nubes esponjosas sobre el valle. Los días de lluvia terminarán pronto y la milpa estará lista para la cosecha.

THE rainy season is coming to an end. When Juan looks up at the sky, he sees fewer fluffy white clouds blowing up the valley on the soft south wind. The corn that feeds his village is almost ready to harvest.

Se acerca la hora de prepararse para el día más importante del año.

Now is the time to get ready for the most important day of the year.

En Santiago Sacatepéquez, el pueblo donde vive Juan con sus papás y sus hermanos José y Beto, el Día de los Muertos es también el día de los barriletes.

El Día de los Muertos, the Day of the Dead, is also the day of the kites in Santiago Sacatepéquez, where Juan lives with his parents and his brothers, José and Beto.

Año tras año el abuelo solía armar su barrilete con ayuda de los patojos,* pero ahora todo será diferente. El abuelo murió justo antes de que comenzaran las lluvias, cuando la milpa asomaba sus hojas sobre la ladera del cerro.

Juan tendrá que recordar todas las enseñanzas del abuelo. Con la ayuda de José y sus amigos Tomás y Rafa, armará el barrilete este año. Beto es muy pequeño todavía, pero si ayuda como antes lo hicieron ellos, también aprenderá a armarlos.

* niños

Abuelo, their grandfather, used to make the kite with the boys' help. But this year Abuelo died just before the rains came — just when the corn was poking up out of the steep hillside fields.

Now Juan must try to remember all the things Abuelo taught him. With the help of José and his friends, Tomás and Rafa, he will build the kite himself. Beto is very little, but he will learn by helping as they once did.

En Santiago, los patojos esperan impacientes que cambie el clima. Suben a los techos de las casas para medir el viento con unos barriletes pequeñitos.

The little boys of Santiago climb onto their roofs and test the wind with small kites. They are impatient.

Las hojas doradas de la milpa brillan con el sol y el maíz está listo para la cosecha. Juan se despierta una mañana y nota que algunos sembrados ya fueron cosechados y están limpios de rastrojo. Comienza a hacer frío y José le cuenta a Juan que cuando salió al patio de atrás para lavarse la cara en la pila, su aliento formó nubes.

The leaves in the cornfield shine golden in the sun. The corn is ready to be picked. And then one day Juan notices that some of the village fields have been harvested and cleared. It is getting cooler. This morning José told him he could see his breath when he went out to wash his face in the basin in the yard behind their house.

Cuando van al mercado, regresan cargados de papel de China de todos los colores: rojo, azul, amarillo, verde, naranja . . . los colores del arco iris.

Now the boys have time to go to market. When they come home, they are carrying a pile of tissue paper. It is red, blue, yellow, green and orange — like a rainbow.

Hay que cortar un círculo de cartón para formar el centro del barrilete. A su alrededor se pegan uno a uno recortes de cuadrados, triángulos y rectángulos de papel de China hasta hacer un gran círculo. Los colores resplandecen suavemente dentro de la casa oscura.

First a cardboard circle is cut for the center of the kite. The paper is cut into squares, triangles and rectangles. Then round and round, piece by piece, the bright paper is pasted in an ever-growing circle. Inside the dark house the colors glow softly.

Ésta es la mejor época de todas porque cada quien inventa su propio barrilete. Algunos los adornan con grandes dibujos, otros con figuras simples.

This is the best time of year. Each kite in Santiago will be different. Some people will put pictures on their kites, others just plain patterns.

Los barriletes se rasgan un poco cuando están en el aire, pero aun así se ven hermosos.

A Beto le gusta jugar con los barriletes pequeñitos. Es más fácil.

Once the kites are up in the air, they will rip a little, but no one minds because they are still beautiful.

Beto likes to fly little kites. It is easier.

Todos en el pueblo están ocupados. Patojas y patojos, grandes y chicos se preparan para el gran día. Unos a otros se visitan para saber cómo van los preparativos. ¿Qué tan grande será el barrilete del hermano de Rosa? ¿No han comenzado en la casa de Juanita? ¡No estarán listos a tiempo!

Other boys and girls of the village, the grownups, too, are all busy preparing for the day. Time to go and see how other families are getting along. How big will Rosa's brother's kite be? Hasn't Juanita's family even started yet? They'll never be ready!

La madre de Juan prepara tortillas de maíz fresco, recién cosechado. Mientras él fabrica su barrilete, puede escucharla torteando. Suele moler el maíz el día anterior sobre el metate de piedra, y con un poco de agua y cal prepara la masa, que luego deja reposar durante la noche. Cuando coloca las tortillas delicadamente sobre el comal caliente, la casa se llena de un olor delicioso.

Beto y una vecinita se comen cuantas tortillas les dan.

Today Juan's mother is making tortillas from the new corn. Last night she ground the corn on a grinding stone. She added water and lime, then let it sit overnight. Juan can hear the sound of her hands slapping a ball of dough into the shape of a circle and then down onto a flat clay plate sitting on the fire. A delicious smell fills the house.

Beto loves tortillas and eats as many as he can. A neighbor helps him.

Cuando Juan sale a caminar, a menudo puede ver que el Volcán de Fuego ha estado en erupción. Hoy el humo no se eleva al cielo en dirección vertical; está norteando. Los vientos del norte han comenzado a soplar y el cielo está de un color azul intenso, como preparándose para el Día de los Muertos.

When Juan walks outside, he can see that the volcano Fuego has been erupting. It often does. But instead of rising straight up into the sky, the plume of smoke is bending. The north wind is blowing. The sky overhead is deep blue. It is getting ready for the Day of the Dead, too.

Todo está listo. El barrilete está doblado sobre el suelo y los palos de caña brava para armar el marco están apilados afuera, esperando que llegue la hora.

Everything is ready. It is almost time. The kite is lying folded on the floor. Sticks for building the frame, made from wild reed, are stacked in the yard of the house, waiting to be attached to the kite.

Antes del Día de los Muertos se celebra el Día de Todos los Santos. La familia de Juan va a misa y en la iglesia se congrega casi todo el pueblo. Pero, mientras las velas y el incienso de copal arden frente al altar, Juan y José permanecen en casa con sus amigos, preparándose para el día siguiente.

En el piso extienden el círculo de papel. Sobre éste, acomodan con cuidado los palos. Miden a ojo y los colocan, ni muy cerca para que el barrilete sea ligero, ni muy separados para que el papel no se rompa.

The day before the Day of the Dead is All Saints' Day, and Juan's family goes to Mass. Many people in the village are there. The church is smoky from candles and incense burning in front of the altar. But Juan and José and their friends stay home getting ready for tomorrow.

They lay the great circle of paper on the ground. Then they place the spokes inside, just so. If they are too far apart, the paper will tear. If they are too close together, the kite will be too heavy.

Mientras trabajan, piensan en el abuelo y en todas las cosas que aprendieron con él. Recuerdan sus manos grandes cortando y pegando figuras de papel y atando cada palo con fuerza, para armar el mejor barrilete del mundo.

Con pita* atan fuertemente los palos entre sí, casi hasta la punta, para que el marco resista. Luego doblan los extremos del papel sobre la pita y los pegan. Por último, atan tres cuerdas a los palos y amarran sus puntas al lazo de elevar.

* lazo o cuerdo

While they work, they remember everything Abuelo taught them. They remember how the old man's strong hands cut and pasted paper to make the most beautiful kite in the world, and how he mounted it onto the frame to make it steady.

A string is tied around the sticks almost at their ends to create a big circle. The colored paper circle is folded over the string and glued in place. Finally, three ropes are tied onto the sticks right through the paper and attached to the flying rope itself.

Falta hacer el fleco que, al agitarse, avisará que la fuerza del viento ya es suficiente para elevar el barrilete. No saben si ponerle banderas, como hacen los demás, pero finalmente se las colocan.

Now they make the fringe, which rustles when the wind is strong enough to lift the kite. They can't decide whether to add flags to their kite as many people do. In the end they do.

Al amanecer, cuando se asoma la luz del sol detrás del cerro, Juan corre al patio en busca del viento. El rocío ha congelado la grama. Hace frío, pero no hay viento.

Corre de nuevo adentro para arreglarse. Cuando llega la hora de partir, todavía no hay viento. ¿Dónde estará?

Todos en la aldea se levantan. Desde muy temprano caminan por las calles con sus barriletes gigantes que rozan las paredes de adobe de las casas. Paso a paso desfilan hacia el cementerio.

Just as the sky turns morning pink over the mountains, Juan runs outside. The dew has frozen on the grass. It is cold but there is no wind.

He runs back inside. It is time to get ready, time to go. But where is the wind?

Soon the whole village is up. Huge kites are carried down the small village roads between the adobe walls of the houses, down to the cemetery.

Algunos muertos están enterrados en tumbas que parecen casas pequeñas. Unas son blancas; otras, verdes, y otras, azules. El Día de los Muertos, la gente de Santiago se sienta en el cementerio para acompañar un rato a sus muertos. Rezan por ellos y les cuentan todo lo sucedido en el pueblo durante el año.

People are buried here, some in what look like small houses painted white, green or blue. On the Day of the Dead the village comes to the cemetery to sit with the dead and keep them company for a while. They pray for them and tell them what has been happening in the village all year.

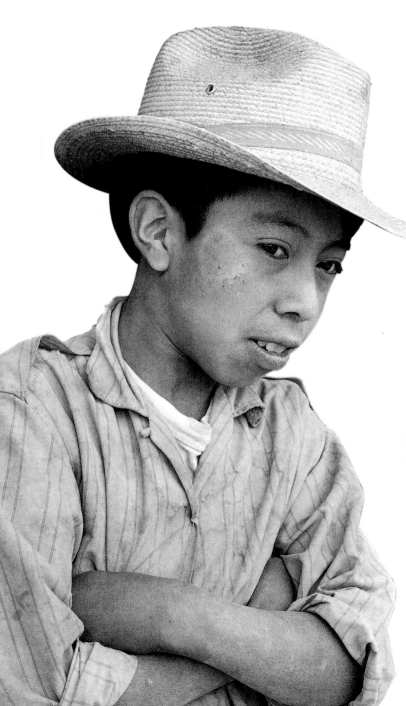

Juan le susurra a su abuelo: "Hoy elevaré el barrilete que hice para ti. Espero que te guste. Y sobre todo, espero que vuele bien alto".

Juan mira el cielo y se estremece cuando un soplo de viento frío le hace cosquillas en el cuello. A medida que se eleva el sol, el viento arrecia. Los pinos comienzan a agitarse y se escucha el *crac crac* de los flecos de los barriletes que tiemblan suavemente.

Juan whispers to Abuelo. "Today I will fly the kite I made for you. I hope you like it. I hope it flies high."

Just then Juan shivers a little. He looks up. A gust of cold wind has tickled his neck. As the sun rises in the sky, the wind grows stronger. He can see pine needles move. He can see his kite and all the kites trembling a little. He can hear the fringe rustling.

Ha llegado el momento. Tomás, Rafa y José levantan el enorme barrilete. Beto los mira deseando que fuera más grande.

Juan sostiene la pesada bola de lazo entre sus dedos. ¿Funcionará? ¿Volará?

Alrededor, los del pueblo están listos. Los barriletes quieren dejarse llevar por el viento.

The time has come. Tomás, Rafa and José run over. They pick up the huge kite. Beto watches. He wishes he were bigger.

Juan takes the heavy ball of rope. Will it work? Will it fly?

All around him, people are doing the same. The kites are straining at the wind.

Juan toma el lazo y corre cerro abajo. El lazo presiona sus dedos y siente cómo el barrilete lo jala.

"Abuelo", ruega, "haz que mi barrilete suba. Lo elevaré por ti".

Pronto siente un tirón en la otra punta del lazo. Se da vuelta y ve que José ha soltado el barrilete que comienza a elevarse rápidamente hacia el cielo.

Juan gathers up his rope and starts to run down the hill. He can feel the kite pulling.

"Abuelo," he prays, "make my kite fly. It will fly for you."

And then suddenly he feels a lift on the other end of the line. He looks over his shoulder, and there the kite is, just leaving José's hand on its way up to the sky.

Asienta bien sus pies en la tierra para que el barrilete no lo levante. Le suelta más lazo y sube y sube. Rafa lo ayuda. El cielo se cubre de colores mientras los barriletes se elevan sobre el cementerio de Santiago.

Rafa runs over to help. Juan digs his heels into the ground as the kite almost pulls him off his feet. More line and up it flies, higher and higher. The sky is full of color as the kites of Santiago swoop over the cemetery.

   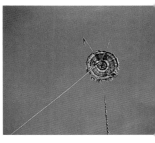

Juan siente el viento en su cara y el vuelo del barrilete en sus manos. El abuelo estará volando allá arriba también, subiendo, bajando y dando vueltas; mirando hacia abajo a su pueblo y viendo a sus nietos Juan y José, y a Beto también, elevar el hermoso barrilete que ellos mismos hicieron.

Juan can feel the wind in his hair and the kite's flight in his hand. Abuelo must be up there soaring and dipping and turning, looking down on his village and on Juan and José, his grandsons, and on Beto, too, flying the beautiful kite they have made.

Santiago Sacatepéquez es un pequeño pueblo de Guatemala. Es muy famoso porque sus habitantes, el 2 de noviembre, con motivo del Día de los Muertos, arman y elevan los barriletes más coloridos y grandes del mundo. Algunos alcanzan hasta veintitrés pies (siete metros) de diámetro.

Los habitantes de Santiago, los mayas kachiqueles, son una etnia numerosa que desciende de los mayas, una de las civilizaciones más importantes de toda América. Los mayas fueron grandes artistas que pintaron murales y libros llenos de colores radiantes. Sus descendientes, que todavía viven en Guatemala y México, son conocidos por sus artesanías, especialmente por sus tejidos de inigualables diseños y colores. Los hermosos barriletes de Santiago son una muestra más del brillante legado artístico de los mayas kachiqueles.

En América Latina, al barrilete se le conoce con diferentes nombres. En Argentina y Guatemala, se le llama barrilete; en Bolivia y Chile, volantín; en Brasil y Paraguay, pandorga; en Colombia, Cuba, Ecuador, Panamá, Perú y Uruguay, cometa; en El Salvador y Nicaragua, piscucha; en Honduras, papelote; en México, papalote (del náhuatl *papalotl*: "mariposa"); en Puerto Rico, chiringa; en República Dominicana, chichigua; y en Venezuela, papagayo. En España se le llama cometa.

In Guatemala, there is a village called Santiago Sacatepéquez. It is a very small village but a famous one, nonetheless, because once a year on November 2, the Day of the Dead, the people of Santiago fly some of the biggest kites in the world. The kites can be as big as twenty-three feet (seven meters) in diameter.

The people who live in Santiago are Kachiqueles Maya, descended from one of the greatest civilizations ever known. Among other things, the Maya were great artists who painted brilliantly colored murals and books. Their descendants, who still live in Guatemala and Mexico, are known for the beauty of their handicrafts and weaving. The kites of Santiago, with elaborate designs of brilliantly colored paper, are another example of the artistic legacy of the Kachiqueles Maya.

*Barrilete* is the Guatemalan word for kite. The same word is used in Argentina. But there are almost as many different names for kite in Latin America as there are countries. In Bolivia and Chile it is called *volantín*; in Brazil and Paraguay, *pandorga*. Colombians, Cubans, Ecuadorans, Panamanians, Peruvians and people in Uruguay call it *cometa*, as do Spaniards. But in El Salvador and Nicaragua, kite is *piscucha*, in Honduras, *papelote*, while in Mexico it is called *papalote*, which is a Nahuatl (Aztec) word for butterfly. In Puerto Rico the very same kite is called *chiringa*, but in the Dominican Republic it is *chichigua*, while in Venezuela you fly a *papagayo*.

Text copyright © 1999 by Elisa Amado
Photographs copyright © 1999 by Joya Hairs
First published in Canada and the USA in 1999 in Spanish (*Un barrilete para el Día de los Muertos*) and in English (*Barrilete: A Kite for the Day of the Dead*) by Groundwood Books
Bilingual paperback edition published in 2012

Groundwood Books / House of Anansi Press
110 Spadina Avenue, Suite 801, Toronto, Ontario M5V 2K4
or c/o Publishers Group West
1700 Fourth Street, Berkeley, CA 94710

We acknowledge for their financial support of our publishing program the Canada Council for the Arts, the Government of Canada through the Canada Book Fund (CBF) and the Ontario Arts Council.

Canada Council    Conseil des Arts
for the Arts      du Canada

ONTARIO ARTS COUNCIL
CONSEIL DES ARTS DE L'ONTARIO

Library and Archives Canada Cataloguing in Publication
Amado, Elisa
Un barrilete para el Día de los Muertos — Barrilete : a kite for the Day of the Dead / Elisa Amado, author ; Joya Hairs, photographer.
Text in Spanish and English.
ISBN 978-1-55498-112-0
1. Kites—Guatemala—Santiago Sacatepéquez—Juvenile literature.
2. All Souls' Day—Guatemala—Santiago Sacatepéquez—Juvenile literature. I. Hairs, Joya II. Title. III. Title: Barrilete : a kite for the Day of the Dead.
GT4995.A4A42 2012       j394.266       C2012-900736-6

Design by Michael Solomon
Printed and bound in China